D1721898

# Hundeerziehung und Hundetraining für Anfänger

*Erlerne das Hundetraining mit Hundepfeife, Hundespielzeug, Futterbeutel und dem clicker*

*Die Hundepsychologie der Hundeerziehung und der Welpenerziehung*

©2018, Peter Kraft

**2. Auflage**

**Alle Rechte vorbehalten.**

**Kein Teil aus diesem Buch darf in irgendeiner
Form ohne Genehmigung des Autors
reproduziert werden**

# Haftungsausschluss und Impressum

Der Inhalt dieses Buches wurde mit sehr großer Sorgfalt erstellt und geprüft.
Für die Richtigkeit, Vollständigkeit und Aktualität des geschriebenen kann jedoch keine Garantie gewährleistet werden.

Sowie auch nicht für Erfolg oder Misserfolg bei der Anwendung des gelesenen.
Der Inhalt des Buches spiegelt die persönliche Meinung und Erfahrung des Autors wider.
Der Inhalt sollte so ausgelegt werden, dass er dem Unterhaltungszweck dient.
Er sollte nicht mit medizinischer Hilfe verwechselt werden.

Juristische Verantwortung oder Haftung für kontraproduktive Ausführung oder falsches Interpretieren von Text und Inhalt wird nicht übernommen.

Impressum
Autor: Peter Kraft
Vertreten durch:
Markus Kober

Kreuzerwasenstraße 1
71088 Holzgerlingen
markus.kkober@gmail.com

Alle Bilder und Texte dieses Buchs sind urheberrechtlich geschützt.
Ohne explizite Erlaubnis des Herausgebers, Urhebers und Rechteinhabers
sind die Rechte vor Vervielfältigung und Nutzung dritter geschützt.

# Inhaltsverzeichnis

# DIE INTELLIGENZ VON HUNDEN?

Hunde sind in der Lage, bis zu 250 Wörter zu verstehen und menschliche Gestik und Mimik zu deuten. Vielen Hundebesitzern ist gar nicht bewusst, dass die Fähigkeit der Hunde, das Minenspiel ihrer Besitzer zu deuten, sie von allen anderen Tieren unterscheidet.

Völlig selbstverständlich verstehen Hunde menschliche Gesten, die selbst Menschenaffen nicht zu deuten wissen. Hundebesitzer werden auch die Situationen kennen, in denen sie nach Hause kommen und der Hund einen mit einem "schlechten Gewissen" empfängt, weil er etwas ausgefressen hat.

Der Hund weiß ganz genau, was er darf und was nicht und erinnert sich beim Eintreffen des Herrchens auch genau daran, dass er etwas

Verbotenes getan hat. Katzen zum Beispiel zeigen keinerlei Reue, wenn sie Essen vom Tisch klauen oder das Sofa zerkratzen. Zwar ist noch nicht belegt, ob Hunde wirklich ein Schuldbewusstsein entwickeln, jedoch zeigt dieses Beispiel, dass sie die Regeln des Herrchens genau kennen und es ihnen im Gedächtnis bleibt, wenn sie diese nicht befolgt haben, beziehungsweise, dass sie beim Eintreffen des Herrchens mit einer Strafe rechnen.

Hunde denken und begreifen in sozialen Zusammenhängen. Abstrakte Dinge verstehen sie hingegen nicht besonders gut, dafür durchschauen Hunde den Menschen oft besser als ihm bewusst oder sogar lieb ist. Da es von Rasse zu Rasse und von Hund zu Hund starke Unterschiede in Bezug auf die Intelligenz geben kann, kann nicht pauschal gesagt werden, woran ein besonders intelligenter Hund auf den ersten Blick zu erkennen ist. Besonders lernfähig sind jedoch Hunde, welche sowohl sehr verspielt als auch sehr aufmerksam sind.

### Wie schlau sind Hunde wirklich?

Hunde helfen dem Menschen auf vielfältige Art und Weise, etwa als Blinden- oder Hütehunde. Experten meinen, die Intelligenz der Vierbeiner wurde in der Vergangenheit massiv unterschätzt. Wie intelligent sind Hunde nun also wirklich und lässt sich ihr IQ messen, beziehungsweise sogar trainieren?

# WELCHES SIND DIE INTELLIGENTESTEN HUNDERASSEN?

Stanley Coren, ein amerikanischer Psychologe und Hundeforscher hat über zehn Jahre lang systematisch eine Befragung von Ausbildern in über 1.000 nordamerikanischen Hundeclubs durchgeführt, um seine These, dass bestimmte Hunderassen intelligenter sind als andere, zu belegen. Er stufte daraufhin die bekanntesten Hunderassen in Bezug auf ihre Gehorsams- und Arbeitsintelligenz ein.

Was genau dies bedeutet, wird im folgenden Absatz erläutert. Seine Untersuchung kam zu dem Ergebnis, dass es sich beim Border-Collie um die intelligenteste Hunderasse handelt, dicht gefolgt vom Pudel, dem Deutschen Schäferhund, dem Golden Retriever sowie dem Doberman. Die am wenigsten intelligenten Rassen sind nach Coren Afghanische Windhunde, Basenji sowie Bulldoggen.

**Was hat es mit den vier Intelligenztypen auf sich?**

Stanley Coren unterscheidet bei seiner Forschung zwischen vier verschiedenen Intelligenztypen. Zum einen nennt er in diesem Zusammenhang die instinktmäßige Intelligenz, also die ererbten Fähigkeiten des Hundes, die adaptive Intelligenz, also die erlernten Fähigkeiten sowie die Arbeits- und Gehorsamsintelligenz. Die Ergebnisse der Rankingliste Corens beziehen sich jedoch ausschließlich auf die Arbeits- und Gehorsamsintelligenz, also wie schnell und wie langfristig Hunde die Anweisungen des Menschen begreifen und umsetzen, da er mittels seiner Befragung die Hunde lediglich in diese einstufen konnte.

Die Intelligenz von Hunden werde gemeinhin unterschätzt, so die Ansicht Corens. Hunde können wie eingangs erwähnt bis zu 250 Wörter lernen, menschliche Gestik und Mimik erkennen und sogar betrügen. Laut Dr. Norbert Hermann, einem bekannten Mathematiker, können Hunde auch rechnen.

So wissen Hunde ganz genau, an welcher Stelle sie in einen See springen müssen, um ihrem Herrchen das geworfene Stöckchen schnellstmöglich zurückzubringen. Der Mathematiker gibt dazu in einem Beitrag an: „Es gibt einen optimalen Punkt und den kann ich ausrechnen. Da gibt es auch eine Formel und die Hunde halten die ein."

Stanley Coren hat tatsächlich einen IQ-Test für Hunde entwickelt. Dieser kann auf mehrere Tage verteilt werden, wobei Aufgabe sieben und acht direkt hintereinander ausgeführt werden müssen. Um reguläre Werte zu erhalten, darf der Test jedoch nur ein- bis zweimal durchgeführt werden.

# Hat die Intelligenz von Hunden etwas mit ihrer Domestikation zu tun?

**Domestikation= durch Zuchtauslese erreichte Umwandlung von Wildtiere in Haustiere**

Untersuchungen zeigen, dass Hunde in Bezug auf die soziale Interaktion mit Menschen sehr viel intelligenter sind als ihre nächsten Verwandten, die Wölfe. Im Primatenzentrum des Leipziger Zoos sind Studien mit Primaten in Bezug auf die Fähigkeit menschliche Gesten zu deuten durchgeführt worden.

Die Menschenaffen konnten dabei die menschlichen Gesten nicht zuordnen, woraus die Forscher schlossen, das Deuten von kommunikativen Hinweisen sei eine rein menschliche Gabe. Welches Tier solle schließlich menschliche Gesten verstehen, wenn nicht die nächsten Verwandten des Menschen?

Doch einer der Wissenschaftler bemerkte ganz beiläufig, dass sein Hund wohl in der Lage wäre, seine Gesten zu deuten. Daraufhin stellte das Forscherteam unterschiedliche Untersuchungen mit Hunden an. Unter anderem sollten die Hunde dabei zwischen zwei umgedrehten Bechern wählen, wobei sich nur unter einem ein Leckerli befand. Das Herrchen zeigte vorher auf einen der Becher und die Hunde verließen sich in den meisten Fällen auf den Fingerzeig des Herrchens.

Das Experiment wurde auch mit zwei leeren Bechern durchgeführt, um auszuschließen, die Hunde hätten sich aufgrund des Geruchssinns für den einen oder den anderen Becher entschieden. Bis dahin wurde von der Wissenschaftsgemeinde angenommen, Hunde hätten sich durch die Abhängigkeit vom Menschen im Gegensatz zu den Wölfen eher zurückentwickelt.

Doch im Zuge der Studien in Leipzig überzeugten die Hunde in Bezug auf ihre sozialen und kognitiven Fähigkeiten. Nun stellten sich die Forscher die Frage, ob diese Fähigkeiten angeboren sind oder vom Hund ab dem Welpenalter an durch das Zusammenleben mit Menschen erlernt werden. Sie führten den Becher-Versuch nun noch einmal mit Welpen durch.

Das Ergebnis war eindeutig. Welpen aller Altersstufen verhielten sich genauso wie die erwachsenen Hunde und folgten bei ihrer Entscheidung dem Fingerzeig des Menschen. Dies verstanden die Forscher als Zeichen dafür, dass die Fähigkeit der Deutung kommunikativer Gesten des

Menschen vom Hund nicht erlernt werden muss, sondern vielmehr angeboren sei. Daraus wiederum zogen sie den Schluss, dass die Jahrtausende lange Domestikation des Hundes eine entscheidende Rolle bei der Entstehung dieser angeborenen Fähigkeit spiele.

Ebenfalls für diese These sprechen Studien mit Wölfen, welche von Menschenhand aufgezogen wurden. Zwar sind auch sie an den Menschen gewöhnt, seine Gesten deuten können sie aber nicht.

**In welchen Bereichen spielt die Intelligenz von Hunden für den Menschen eine besondere Rolle?**

Hunde können den Menschen auf ganz vielfältige Weise unterstützen und ganz unterschiedliche Aufgaben übernehmen. So gibt es zum Beispiel Schlittenhunde, die Menschen in arktischen Regionen von A nach B bringen, Militärhunde, die mit Soldaten in Krisengebiete reisen und Jagdhunde, die Jäger bereits seit Jahrhunderten bei ihrer Arbeit unterstützen oder Hütehunde, die die Herde beisammen halten.

Eine besonders große Rolle spielt die Intelligenz bei Blindenhunden. Ihre Ausbildung dauert fast ein

Jahr. Zum einen muss ein Blindenhund Interesse am Lernen zeigen, zum anderen jedoch auch stressresistent sein. Gedränge oder laute Geräusche dürfen ihn nicht aus der Fassung bringen, schließlich ist er für die Sicherheit seines blinden Herrchens oder Frauchens zuständig und muss es im Zweifelsfall auch verteidigen können.

Schäferhunde, Labradore und Golden Retriever sind die verbreitetsten Rassen unter den Blindenhunden. Blindenhunde müssen ihre Halter führen können. Dies beinhaltet, dass sie Hindernisse erkennen, umgehen oder stehen bleiben, um ihrem Halter so zu signalisieren, dass ein Hindernis im Weg ist oder Gefahr besteht. Zudem muss ein Blindenhund in der Lage sein, auf Kommando bestimmte Ziele beziehungsweise Orte wie Fahrstühle oder Zebrastreifen aufzusuchen. Er muss sich all die verschiedenen Kommandos also merken und diese bei Bedarf abrufen können.

Neben seiner Intelligenz ist auch der gute Geruchssinn des Hundes sehr hilfreich für den Menschen, etwa, wenn ein Lawinenhund verschüttete erschnüffelt oder wenn ein Drogen- oder Bombenhund dabei hilft, gefährliche Substanzen aus dem Verkehr zu ziehen.

## Kann die Intelligenz des Hundes gefördert werden?

Es gibt zwei verschiedene Arten, wie ein Hund beschäftigt werden kann. Zum einen kann der Hund auf ein bestimmtes Lernziel hin trainiert werden, etwa um die Zeitung zu apportieren. Zum anderen kann auch darauf verzichtet werden, dem Hund ein bestimmtes Lernziel vorzugeben, sondern es wird ihm eine Aufgabe gestellt, bei der er seine Problemlösefähigkeit unter Beweis stellen kann. Die zweite Option bietet dem Hund viel mehr Möglichkeiten, eigene Ideen zu entwickeln und sich von seiner erfinderischen und kreativen Seite zu zeigen.

Aufgaben, die die Intelligenz des Hundes fördern, sollten also stets so gestellt werden, dass der Hund nicht durch das Anwenden erlernter Muster zum Ziel kommt, sondern selbst die Initiative ergreift und eine Lösung entwickeln muss. Anbei zwei Beispiele, wie solche Übungen aussehen können:

### Eine Belohnung auspacken

Leckerlis werden in die Vertiefungen einer leeren Eierschachtel gelegt und einige andere leere Eierschachteln werden darüber und darunter gestapelt. Ein ungeduldiger Hund wird die Schachteln zerbeißen, um an die Belohnung zu kommen. Ein geschickter Hund hingegen wird versuchen, die Schachteln mithilfe von Maul und Pfoten voneinander zu lösen.

## Das Gedächtnis trainieren

Hierfür kann beim nächsten Spaziergang mit dem Hund ein Stock mitgeführt werden. Dieser wird geworfen, jedoch ohne, dass der Hund ihn apportieren darf. Der Spaziergang wird fortgesetzt. Kommen Hund und Halter nach circa zehn Minuten auf dem Rückweg an der Stelle vorbei in deren Nähe der Stock liegt, kann der Halter die Reaktion des Hundes beobachten. Auf keinen Fall sollte er stehen bleiben oder den Hund darauf aufmerksam machen, dass das Spielzeug noch immer dort liegt. Ein aufmerksamer Hund wird sich an das geworfene Spielzeug erinnern und danach suchen. Nach und nach kann die Anzahl der Stöcke oder die Dauer der Zeit erhöht werden.

## So schlau sind unsere Vierbeiner

Unser Boxer Lulu hatte sich eine Stöckchensammlung angelegt und wann immer es ihm in den Sinn kam, zog er los, holte sich ein Stöckchen und präsentierte ihn stolz dem staunendem Publikum. Seine Sammlung draußen auf der Terrasse hatte in Wind und Wetter schon arg gelitten. Aber er hütete sie wie seinen Augapfel und duldete nicht, dass irgendein anderer Hund daran auch nur herumschnüffelte.

## Statussymbol Stöckchen

Eines Tages nun saß die ganze Familie auf der Terrasse, der alte Lulu schlafend zu Füßen der Hausherrin. Da kam Duki, der Hovawart-Jungspund und nahm sich ein Stöckchen aus Lulus Sammlung. Aus tiefsten Träumen hochgerissen, sprang Lulu auf, und alle hielten den Atem an ... Aber – „der Alte" stürzte sich nicht auf „den Sünder". Er versteinerte, verharrte zwei Sekunden, drei Sekunden, dann drehte er ab und verschwand hinter dem Haus. Und wenig später hörten wir es weit weg rumpeln. Das Rumpeln kam näher und näher. Und da stand er: Lulu, der Unschlagbare. Und er präsentierte ein Stöckchen, das war nicht nur funkelnagelneu, er war so groß, dass man den

Hund dahinter kaum mehr sah, so sperrig, dass der Boxer ihn nur mit Mühe hochhalten konnte ... Duki aber, der Jungspund, ging und legte still und leise sein Stöckchen wieder zur Seite ...

## Er wusste genau, was er tat

Was war das? Alles nur Reaktion auf das hier und jetzt, ohne jede Vorstellung, jeden Plan, jede Einsicht, jedes Probehandeln im Kopf? Es wäre so einfach gewesen, dem Jungrüden das Stöckchen abzujagen, noch unterwarf sich der große Jungrüde dem kleineren „Alten". Und sekundenlang sah es auch so aus, als würde Lulu ganz instinktiv ganz genauso reagieren. Doch er griff nicht an. Er ließ „Sünder" und Stöckchen stehen, ging los, hinter das Haus, suchte sich den größten aus und bugsierte den um alle Ecken: „Seht her! Mein Stöckchen ist viel schöner, viel größer als seiner!"

## Hunde denken und planen durchaus

Seit ich Zeuge dieser „Aktion" wurde, glaube ich nicht mehr, dass denken, planen, Einsicht „rein menschliche Fähigkeiten" sind: Lulu MUSS sich „etwas gedacht" haben, als er plötzlich vor dem

aufmüpfigen Junghund-Riesen stand. Er muss eine Wahrnehmung (der Jungrüde ist zwar frech, aber auch groß) mit einer Erinnerung verknüpft haben (hinterm Haus gibt es noch viel imposantere Stöckchen). Er muss einen Plan gehabt haben (wie man an diese heran kommt) und eine Vorstellung (wie man mit diesem Stöckchen noch viel mehr imponieren kann). Und er muss in den kurzen Sekunden des Probehandelns, Denkens zu der Einsicht gekommen sein, dass eine zwar umständliche, aber gezielte „Gegendemonstration" in diesem Fall „klüger" wäre als eine schnelle, aber riskante Keilerei mit dem inzwischen 20 kg schwereren Jungrüden. Und auch Duki, der sein Leben lang eher ein „Instinktbündel" als eine „Intelligenzbestie" war, zeigte nach dieser Demonstration Lernfähigkeit und Einsicht: Nein, er imitierte den „Alten" einfach und legte sich eine eigene Stöckchensammlung an.
Stöckchensammlung zu und hütete sie.

# Die VOR- UND NACHTEILE EINES HUNDES

## Vorteile

Hunde machen Spaß.

Sie spielen mit Dir und werden mit dir laufen.

Hunde sind loyal.

Sie würden Dich niemals verraten.

Sie werden Dir überall hin folgen, dich beschützen und nicht viel Gegenleistung verlangen.

Hunde helfen Dir, mindestens zweimal am Tag Sport zu treiben.

Regelmäßige Bewegung kann Dir helfen, Gewicht zu verlieren, den Cholesterinspiegel zu senken und das Diabetes-Risiko zu reduzieren.

Ein Hund ist nicht nur ein Haustier, sondern auch ein bester Freund.

Die Forschung zeigt, dass Hundebesitzer besser abschlossen, wenn es um Depression, Einsamkeit,

Krankheit, Selbstwertgefühl, sinnvolle Existenz, Stress und Aktivität ging.

Hunde sind großartige Familienmitglieder und haben die oben genannten positiven Auswirkungen auf die ganze Familie.

Dein Hund ist vielleicht nicht gefährlich, aber durch Bellen kann er einen Einbrecher fernhalten, der daran denken könnte, in Ihr Haus zu kommen.

## **Nachteile**

Zeitaufwand. Ein Hund ist nicht glücklich, wenn er nicht täglich Sport treibt und nur im Hinterhof oder an der Straßenecke Geschäfte machen kann.

Deshalb ist es schwieriger, einen Hund, besonders einen großen, in der Stadt zu haben. Hunde müssen laufen, ihre Freiheit genießen und ihre Nasen in einer natürlichen Umgebung gebrauchen.

Wenn Du also nicht in der Nähe eines Parks, eines Waldes oder einer anderen Grünfläche wohnen, solltest Du in Betracht ziehen, keinen Hund zu bekommen.

Kosten. Man muss Hundefutter kaufen, mindestens einmal im Jahr zum Tierarzt gehen (vorausgesetzt, Ihr Hund ist gesund).

Sei Dir sich bewusst, dass Du, wann immer Du eine Reise unternimmst, auch wenn es nur ein paar Tage dauert, jemanden brauchst, der den Hund hütet. Ob ein enger Verwandter, ein Freund, es muss jemand sein, der zumindest etwas über Hunde weiß und wie man sich um sie kümmert.

Training ist eine Verpflichtung. Manche Leute mögen es nicht, wenn Hunde auf sie springen, besonders wenn ihre Pfoten nass oder schmutzig sind und es ist immer nützlich, wenn ein Hund zum Sitzen trainiert wird. Hunde sollten Grenzen kennen lernen, wie ihre Nahrung und was uns gehört, welche Bereiche (wie die Couch oder das Bett) tabu sind, und vor allem müssen ihre Geschäfte draußen sein (letzteres erfordert viel von Zeit und Geduld und muss von Anfang an gelehrt werden, um ein Problemhund zu vermeiden).

# DER MENSCH ALS HUNDE-RUDELFÜHRER

## SOZIALVERHALTEN IM HUNDERUDEL

In einem Hunderudel herrscht eine klare Hierarchie. Es gibt kein wenn und aber, der Rudelführer hat das Sagen und setzt seine Regeln auch immer durch. Der sogenannte „Alpha Dog" lässt keine Regelverstöße seiner Rudelmitglieder zu und korrigiert diese sofort.

### VERHALTEN IM HUNDE-MENSCHENRUDEL

Ein Hund macht keine Unterschiede, für ihn ist seine Familie auch ein Rudel. Deshalb sollte gerade hier eine klare Hierarchie herrschen. Man muss seinem Hund immer klarmachen, wer der Boss ist. Hat Dein Hund erstmal die Führung im Rudel übernommen tauchen automatisch Probleme auf,

die die ganze Familie und Euer Umfeld belasten
können.


## VERTEIDIGUNG VON RESSOURCEN

Ein Hund, der sich als Rudelführer fühlt fängt oft an
seine Ressourcen zu verteidigen. Ob es nun das
Futter, das Haus oder die Couch ist, sobald Dein
Hund anfängt, auch Dir gegenüber aggressiv zu
werden läuft irgendwas falsch. Man sollte bereits
bei den ersten Anzeichen hinterfragen, an welcher
Position man im Rudel steht. Du musst das regeln
und deshalb gehört erstmal alles Dir. Du
beanspruchst das Futter, die Couch oder das Haus
für Dich und bestimmst, wann der Hund fressen
darf und wann er auf die Couch darf. Dein Hund
muss wissen, wer der Herr im Haus ist.


## KOMMUNIKATION

Allein durch die Körpersprache können viele Dinge
geregelt werden, nicht immer wird durch die
Stimme korrigiert. Hunde merken ganz genau, ob
Du ein sicheres Auftreten hast. Wenn Du immer
konsequent bist und handelst, lernt Dein Hund sehr
schnell, wie er sich zu verhalten hat. Man kann

seinem Hund durch gute Körpersprache deutlich zeigen, was von ihm verlangt wird und was er darf und was nicht. Das erfordert von dir ständiges beobachten und lernen, denn Hunde kommunizieren untereinander sehr deutlich, wenn man sie mal genau beobachtet.

## KONSEQUENT SEIN BEI DER HUNDEERZIEHUNG

Eine der meisten Diagnosen, warum es mit der Hundeerziehung nicht so gut klappt, liegt auf der Hand: Inkonsequentes Verhalten des Menschen!

## DOCH WAS HEISST KONSEQUENT SEIN IN DER HUNDEERZIEHUNG?

Eigentlich ist das Vorhaben ganz einfach, jeder Befehl und jede Regel muss „immer" durchgesetzt werden. Ob „Sitz", „Platz", „Aus" oder „Bleib", sobald man dem Hund einen Befehl gibt, hat er diesen zu befolgen und wenn er nicht die gewünschte Reaktion zeigt, setzt man diese konsequent durch, natürlich ohne Gewalt anzuwenden. Dabei ist es egal, in welcher Situation sich Dein Hund befindet, Du bist der Rudelführer und hast das sagen. Sobald man anfängt, dem Hund Ausnahmesituationen zur Verfügung zu stellen wird es immer öfters vorkommen, dass Dein Hund nicht auf Dich hört.

**BEISPIEL:**

Du verbietest deinem Hund Dinge von der Straße zu fressen. Jetzt liegt auf einmal ein Apfel auf dem Weg und Dein Hund fängt an zu fressen und Du lässt ihn gewähren. Der Fehler liegt auf der Hand: Der Hund kann nicht unterscheiden, dass er nur Äpfel fressen darf die auf der Straße liegen, sondern wird beim nächsten Mal vielleicht etwas Gefährliches fressen. Das ist also kein konsequentes Verhalten und kann bei den immer häufiger rumliegenden Giftködern sogar schlimme Folgen haben. Für von Dir aufgestellte Regeln darf es keine Ausnahmen geben.

Ein Hund muss einfach konsequente Regeln haben und nicht immer darüber nachdenken müssen, ob er jetzt die Wahl hat zu hören oder nicht. Wenn Du Deinem Hund permanent zeigst, dass du konsequent handelst, so wird er auch konsequent auf Dich hören und deine Regeln befolgen.

**FAZIT:**

Mache Dir vorher genau Gedanken darüber, was Du von deinem Hund erwartest und setzte diese Regeln dann auch durch. Nur so kann man sich darauf verlassen, dass der Hund immer genau weiß was er darf und was nicht.

**Tipp:** Der Ton macht die Musik

Ein gut gemeinter Tipp für Anfänger: Ein gern gemachter Fehler ist die Art, wie man mit seinem Hund während des Hundetrainings, in der Hundeschule oder später bei den Übungen, redet. Besonders beim frühen Welpentraining mit dem Hundewelpen zu Hause ist dies zu beachten. Der Tonfall, den Du beispielsweise im Spiel oder im Alltag unabhängig von den Übungen im Training verwendest, sollte sich von dem Tonfall unterscheiden, mit dem Du die Kommandos gibst. Das ist einer der wichtigsten Tipps für Dein Hundetraining.

Für Deinen Hund oder Welpen ist es bei der Erziehung nicht wichtig, was Du sagst oder wie laut beziehungsweise wie Du es aussprichst. Denn der Hund weiß nicht, was Worte wie „Hier", „Sitz" oder „Platz" bedeuten. Man kann ihn genauso gut auf Worte wie „Schokolade", „Sitzkissen" oder „Tisch" trainieren.

Er richtet sich nämlich nicht nach der tatsächlichen Bedeutung Deiner Worte in den Übungen, sondern nach den Klängen und der Melodie der Stimme. Wenn Du mit Deinem Hund deshalb bei dem Hundetraining so reden würdest wie im Alltag, dann würde er keinen Unterschied merken.

Es ist aber auch nicht notwendig, dass Du total streng werden musst und die Übungen brüllst. Denn als Tipp unter uns: Schreie deinen Hund am besten niemals an, nur dann, wenn er wirklich etwas sehr Schlimmes gemacht hat so, wie beispielsweise ein Kind zu beißen. Perfekt ist es, wenn Du Dir als Teil des Trainingsplans einen sachlichen Tonfall für die Übungen aneignest, welcher sich von der normalen Redensart unterscheidet.

**Tipp:** Mit den Händen arbeiten

Wenn Du das Hundetraining oder Welpentraining durch führst, dann solltest Du nicht nur mit Worten arbeiten, sondern Dir auch einige Handzeichen passend zu den Übungen überlegen. Wenn Du Deinem Hund zum Beispiel beibringen möchtest, an einem Ort stehen zu bleiben, dann eignet sich eine Kombination aus einer Stopp-Geste und einem Befehl wie „Halt" oder „Bleib". Die Kopfarbeit beim Hundetraining hat den Vorteil, dass bei dem Hund auch eine Verknüpfung während der Übung entsteht.

Er lernt, dass ein Grundkommando wie „Halt" oder „Bleib" für ihn nicht nur bedeutet, dass er an einem Ort bleiben soll, sondern auch, dass er das gleiche machen soll, wenn man ihm nur die Geste zeigt. Du kannst also einige Hundekommandos auch ohne Worte geben, was praktisch beim Hundetraining ist, wenn man beispielsweise beschäftigt ist und er trotzdem weiß was der Rudelführer will.

**Tipp:** Mit Futter arbeiten

Ein guter Tipp ist auch diese Info: Hunde sind relativ einfach gestrickt und kostenlose Hundebeschäftigung ist vergleichsweise einfach. Sie spielen gerne, erkunden ihre Umgebung bei einem Spaziergang und lieben es, zu fressen. Letzteres kann man sich beim Hundetraining und den Übungen zunutze machen.

Das Futter in Form von Leckerli soll hierbei gleichzeitig als Anregung und als Belohnung für eine erfolgreiche Übung dienen. Du lenkst das Interesse des Hundes im Hundetraining dadurch auf die eigentliche Aufgabe des Grundgehorsams. Noch ein Tipp am Rande: Hundeerziehung mit Leckerlis funktioniert nur, wenn der Hund auch wirklich Interesse an dem Futter hat.

Wenn man das Hundetraining und die Hundeübungen für die Unterordnung beginnt, nachdem der Hund bereits ausgiebig gefressen hat, dann hat er  keine Lust mehr auf die Übung und die Hundeerziehung, da er nach einer Mahlzeit erst einmal Pause machen und verdauen will und keine Lust auf Hundetraining und weitere Übungen hat.

Deshalb sollten man darauf verzichten, den Hund vor den Unterordnungsübungen zu füttern. Die besten Tipps für das Hundetraining können nicht funktionieren, wenn man sich nicht an die Abläufe hält! Die Leckerlis der Übungen gleichen die verpasste Mahlzeit aus.

**Tipp:** Nicht mit Lob sparen

Es ist sehr wichtig, dass man den Hund lobt, um ihm zu zeigen, dass er die Übungen richtig macht!

Dein Hund orientiert sich beim Spiel und beim Hundetraining bzw. der Hundeerziehung in der Hundeschule an Dir, seinem Rudelführer. Deine Aufgabe als seine wichtigste Bezugsperson, besonders bei Angsthunden, muss es deshalb sein, ihm diese Bestätigung auch zu liefern. Wenn der Hund macht, was man will – egal wie lang es dauert – dann verdient er dafür eine positive Rückmeldung. Das merkt sich dein Hund nämlich genauso wie Kommandos oder, dass es nach einer richtigen Ausführung dieser Tipps für das Hundetraining Leckerlis geben kann.

Er freut sich im Hundetraining über jedes Lob und wird deshalb gerne die Übungen machen, wenn man ihn dafür bestätigt. Es ist egal, wie oft er Sitz oder Platz auf Befehl macht, nach jeder

Unterordnungsübung sollten man ihm zeigen, dass er es richtig gemacht hat. Und auch, wenn Du die Gehorsamsübungen abgeschlossen hast und die Befehle im Alltag verwendest, darf ein Lob nicht fehlen.

**Tipp:** Aufs Timing achten

Das richtige Timing ist einer der wichtigsten Tipps beim Hundetraining, auf die man bei den Gehorsamsübungen und der Erziehung von Unterordnung als Anfänger achten muss. Die Abfolge von gesprochenem Wort und Handzeichen, der Reaktion des Tieres und der Belohnung ist beim Hundetraining sehr wichtig. Abwechslung ist hier unangebracht.

Andernfalls kann der Hund die einzelnen Handlungen der Übung nicht miteinander in Einklang bringen. Wenn der Hund etwas macht, was er soll, schaut er dich normalerweise dabei an. Reagiere in diesem Augenblick nicht, sondern warte, bis er sich wieder abwendet und ihn erst dann loben, versteht er das nur als eine x-beliebige Handlung.

Das Gleiche gilt, wenn man den Hund im Hundetraining ein Kommando gibt und dabei eine Bewegung ausführt. Wenn Aufforderung und Handlung nicht zeitlich passen, dann begreift der Hund nicht, dass sie zusammengehören.

Um das richtige Timing beim Hundetraining und der Hundeerziehung zu lernen, kann man ein sogenannter Clicker helfen, der die Kopfarbeit des Hundes fördert und ihm beim Auslasten und

Erziehen hilft. Den Umgang damit kann man z.B. in einer Online Hundeschule in einem Video lernen. Dabei handelt es sich um ein kleines Spielzeug, das durch einen Druck ein klickendes Geräusch von sich gibt.

Den Clicker kannst Du in Dein Trainingsplan einbauen und im Hundetraining einzelne Kommandos besser zeitlich angleichen. Der Clicker hat bei der Hundeerziehung außerdem den Vorteil, dass das Klicken eine angemessene Lautstärke hat und sich auch im Freien klar von den normalen Umgebungsgeräuschen abhebt, sodass der Hund es gut hört.

**Tipp:** Der Futterbeutel

Der Futterbeutel ist ein praktisches Hilfsmittel, welches man für das Hundetraining und die Hundebeschäftigung verwenden kann. Es handelt sich dabei um einen einfachen, kleinen Beutel, in welchem man die Belohnungen für den Hund handlich aufbewahren kann. Gleichzeitig kann der Futterbeutel als Spielzeug für den Hund verwendet werden. Dafür ist es notwendig, dass man den Hund zunächst an den Beutel gewöhnt und ihm zeigt, was für einen Inhalt er hat.

Wenn Du dem Hund beibringst zu apportieren, behalte den Beutel zunächst noch bei Dir und übe mit einem normalen Stock oder Hundespielzeug. Wenn der Hund zum Beispiel den Stock nach einer Weile ohne Probleme zurückbringt, kann man dazu übergehen den Futterbeutel zu werfen. Der Hund erhält dadurch einen weiteren Anreiz sein Spielzeug zu finden und wiederzubringen. Die Belohnung bekommt er nur, wenn er das Spielzeug auch zurückbringt.

**Tipp:** Ohne Ablenkungen üben

Ist man mit dem Hund nicht zu Hause, sondern draußen zum Auslasten unterwegs, gibt es viele Impulse, die er verarbeiten muss. Andere Hunde, Jogger, vorbeifahrende Autos und ähnliches können für den Hund wesentlich interessanter sein als die eigentliche Übung oder einen Angsthund oder einen Hundewelpen abschrecken. Die Folge: Alle Tipps, Hundeübungen und der Trainingsplan bringen nichts und das Tier macht nicht, was es soll.

# HUNDETRAINING: START

Hundetraining ist eines der wichtigsten Aufgaben eines verantwortungsvollen Hundebesitzers. Ein Hund will beschäftigt werden, sowohl geistig, als auch körperlich. Genau aus diesem Grund ist es wichtig sich mit verschieden Hundetrainings Formen auseinander zu setzen.

Hundetraining kann für viele Problemsituationen nützlich sein und hilft, den Umgang zwischen Dir und Deinem Hund zu erleichtern. Speziell die Arbeit mit dem Futterbeutel bringt schnelle Fortschritte beim Training.

## WAS EIN FUTTERBEUTEL IST

Der Futterbeutel oder auch Futterdummy, ist, wie der Name schon andeutet, eine Art Beutel, der mit Leckerlis gefüllt wird. Das Prinzip dahinter ist, dass Dein Hund lernen soll, den Beutel zu apportieren, indem er das Zurückbringen mit etwas Positivem verbindet. Das Training dient also dazu, dem Vierbeiner das Apportieren beizubringen. Bekannt wurde der Futterdummy durch den Hundetrainer

Jan Nijboer, welcher ihn in sein Hundetraining integriert hat und damit von Anfang an große Erfolge erzielen konnte.

Da das Prinzip hinter dem Beutel recht einfach ist, kann er auch selbst gebastelt werden. Du kannst etwa ein Federmäppchen oder einen Lederbeutel umfunktionieren. Wichtig ist nur, dass Dein Hund sich nicht daran verletzen kann und auch das Material möglichst natürlich ist. Zudem kann auch eine Leine an den Beutel angebunden werden, damit mehr Freiraum beim Spielen besteht. Mittlerweile gibt es Futterdummys auch im Zoohandel zu kaufen.

# ZIELE DES TRAININGS

Der Futterdummy kann bei verschiedensten Übungen und dem Anlernen diverser Kommandos eine Hilfe sein. Im Vordergrund steht natürlich das Apportieren des Beutels und später auch anderer Gegenstände. Daneben ist es jedoch auch möglich, Deinem Hund Kommandos wie „Aus", „Sitz" oder „Platz" beizubringen. Das Ziel sollte sein, dass eine Verbindung zwischen Beutel und Kommando hergestellt wird, was am besten durch Belohnungen funktioniert. Generell wird die Aufmerksamkeit Deines Hundes gesteigert, wodurch dieser schneller reagiert und insgesamt ausgelasteter ist.

# HUNDETRAINING FUTTERBEUTEL

Hunde sind in der Regel sehr aufmerksam, verlieren ihr Interesse jedoch auch schnell wieder, wenn sie nicht beansprucht werden. Um den Futterdummy interessant zu machen, solltest Du also am besten mit der Sache arbeiten, die Vierbeiner am liebsten mögen: Leckerlis. Diese werden im Beisein Deines Hundes in den Beutel gefüllt, welcher danach schnell geschlossen wird. Danach wird gespielt. Der Beutel kann über den Boden gezogen, geworfen und versteckt werden. Eben alle Dinge, die man sonst auch tut, wenn man mit dem Hund spielt. Der Unterschied ist jedoch, dass auf jede positive Reaktion direkt eine Belohnung aus dem Beutel folgt. Holt der Hund den Beutel oder jagt ihm hinterher, sollte das ebenso belohnt werden. Schnell lernt der Vierbeiner, dass der Futterdummy für etwas Gutes steht und wird immer mehr auf Kommandos und Übungen anspringen.

Du solltest jedoch darauf achten, dass Dein Hund den Beutel nicht behält, sondern immer zurückbringt. Er sollte etwas Besonderes bleiben und nicht als normales Spielzeug dienen. Auch sollte der Futterdummy zwar regelmäßig aber nicht zu oft verwendet werden. Damit Dein Hund sich nicht langweilt und sich vor allem nicht an Leckerlis über frisst, kannst du es mit anderen Übungen variieren.

**TRAININGSBEISPIEL: Such**

Hat Dein Vierbeiner bereits das Apportieren gelernt, kann das Kommando „Such" beigebracht werden. Bei der Übung geht es darum, dass Dein Hund bei dem Kommando nach dem verlorenen Beutel oder später auch nach anderen Gegenständen sucht und diese zurückbringt. Am besten funktioniert das, wenn Du mit Deinem Hund unterwegs bist. Dann lässt Du einfach den Beutel fallen, entfernst dich zwei bis drei Schritte und gibst dann das Kommando „Such", während Du auf den Beutel zeigst. Dein Hund wird das schnell begreifen und wie im Training gelernt, den Beutel zurückbringen. Die Distanz kann nach und nach erhöht werden, bis der Vierbeiner schon beim Kommando begreift, dass der Futterdummy ganz in der Nähe ist. Er wird ihn dann selbstständig apportieren, um sich seine Belohnung abzuholen. Nach und nach kann dann auch mal ein Handschuh oder der Schal „verloren" werden und Dein Hund wird ihn zurückbringen.

# OBEDIENCE – GEHORSAMES HUNDETRAINING

Der Ursprung vom Obedience liegt, wie beim Agility, in England. Obedience ist eine der anspruchsvollsten Hundetrainingsarten. Wir haben es schon mehrfach geschrieben, es gibt keine schlechten Hunde, nur unzureichend informierte Hundebesitzer. Gut trainierte Hunde wollen ihrem Herrchen gefallen, untrainierte Hunde möchten das auch, sie wissen aber einfach nicht wie. Obedience fordert Hund und Herrchen im höchsten Maße, als ein perfektes, harmonisches Team aufzutreten. Dies ist vergleichbar mit der Dressur bei Pferden, wir geben dazu hier eine kleine Einführung.

## OBEDIENCE – WELCHES ZUBEHÖR BENÖTIGE ICH?

Für das Obedience-Training wird keine große Ausrüstung benötigt. Wichtig sind nur ein komfortables Hundehalsband und eine bequeme, nicht zu lange Hundeleine. Für manche Aufgaben sind Pylonen ein Vorteil, aber hier kann auch improvisiert werden. Das Apportieren ist ein weiterer Bestandteil von Obedience, hierzu kann am Anfang jedes Spielzeug herhalten. Alles Weitere ist Training, Training und Training.

# OBEDIENCE -TRAINING – ERSTE SCHRITTE

Bevor du mit dem Obedience-Training beginnst, solltest du eine passende Trainingsmethode für dich und deinen Hund wählen. Oberste Regel ist, dass du mit deinem Hund gewaltfrei arbeitest. Die Trainingsmethoden variieren, aber meistens reagieren Hunde auf Lob und Leckereien (positive Verstärkung) am besten.

Dein Hund sollte auch gut sozialisiert sein, denn für aggressive und unsoziale Handlungen bekommt man im Wettkampf einen Punkte-Abzug. Erfolg stellt sich in der Regel in kleinen Schritten ein. Die Trainingseinheiten mit Deinem Hund sollten nicht länger als 10-15 Minuten andauern und das 2-3 Mal am Tag. Für Hunde ist das Obedience-Training in den ersten Einheiten sehr anstrengend und insbesondere Welpen und Junghunde haben eine kurze Aufmerksamkeitsspanne.

Wir starten mit dem Erlernen der Grundbefehle, denn diese werden, wie in vielen anderen Hundesportarten auch beim Obedience vorausgesetzt. „Sitz„, „Platz", „Bleib" und „Beifuß laufen" sollten die ersten Befehle sein, die dein Hund beherrscht. Darauf baut man beim Obedience alles andere auf. Erst dann folgen Tricks und weitere Befehle und bitte immer daran denken, dass der Spaß an erster Stelle steht. Mit der Brechstange wird dein Hund nicht besser werden, außerdem lernen manche Hunde schnell, andere langsamer.

**FEHLERSUCHE BEIM OBEDIENCE-TRAINING**

Die Obedience-Ausbildung braucht Zeit und Du wirst wahrscheinlich auf viele Hürden während der Ausbildung treffen. Die häufigsten Schwierigkeiten entstehen durch Aggressionen oder Trotz des Hundes. Du solltest Fehlverhalten immer sofort korrigieren. Aber immer mit Geduld, unterbreche das Training notfalls oder verlagere die Aufmerksamkeit des Hundes auf etwas Positives, denn für den Hund ist es wichtig positive Erfahrungen zu erleben. Wenn eine Übung noch nicht so wirklich klappen will, wechsel zu einer anderen Übung, die dein Hund beherrscht. Es darf keine Frustration aufkommen, sowohl bei dir, als auch bei deinem Hund. Breche das Obedience-Training ab, wenn dein Hund gelangweilt wirkt oder die Aufmerksamkeit verliert.

Eine erfolgreiche Obedience-Ausbildung geht nur
mit Geduld, Konsequenz und Spaß.

# HUNDETRAINING: DER RÜCKRUF

Der Rückruf des Hundes ist einer der wichtigsten Bestandteile im Hundetraining. Ein Hund muss jederzeit abrufbar sein, denn es gibt immer wieder Gefahrensituation für den Hund oder andere Menschen. Durch den Rückruf werden diese Situationen vermieden, deshalb ist im Hundetraining bzw. Hundesport der Rückruf einer der wichtigsten Bausteine.

Wir alle haben es schon oft gehört und beobachtet: „Luna, Luna, Luna!", aber ... es passiert rein gar nichts. Luna zieht ihr Ding durch, Frauchen oder Herrchen geben entnervt auf, gehen weiter oder rennen ihrem Hund hinterher.

Genau diese Situation möchte man als ambitionierter Hundebesitzer nicht erleben. Wenn man seinen Hund gerne frei laufen lässt ist es wichtig, dass unser Hund auf unseren Rückruf hört. Wir tragen die Verantwortung und müssen auch Rücksicht auf andere Menschen nehmen.

Es gibt schließlich Familien mit kleinen Kindern oder schlicht Menschen die Angst vor Hunden haben. Wenn dein Hund dann nicht hört, kommt es schon mal zu unschönen Situationen. Der sichere Rückruf bedeutet auch mehr Freiheiten für unseren Hund, denn er ist durch den Rückruf kontrollierbar.

# RÜCKRUFTRAINING BEIM WELPEN

Für uns sind Hundewelpen ein sehr dankbarer Trainingspartner. Welpen den Rückruf beizubringen erfordert sehr viel Geduld und Konsequenz. Wir können sofort die richtigen Grundlagen setzten und wenn wir diese konsequent beibehalten, haben wir später den größten Streber überhaupt. Doch auch dies ist nicht so einfach wie es sich anhört. Wir alle wissen nur zu gut, wie schnell sich der Schlendrian einschleicht.

### RÜCKRUFTRAINING BEIM SENIOR HUNDERUDEL

Anders ist, wenn wir uns einen älteren Hund holen. Dieser hat entweder noch nie auf etwas hören müssen oder hat bereits einen etablierten Rückruf, auf den er mehr oder minder hört. Hier ist es etwas anspruchsvoller dem Hund das von uns gewollte verhalten beizubringen. Viele Wege können zum Erfolg führen. Das Rückruftraining muss individuell auf den Hund angepasst werden.

# HUNDEPSYCHOLOGIE

Am Anfang muss man verstehen, weshalb unser Hund überhaupt kommt. Er ist ein Opportunist, der nichts macht, ohne dadurch einen Vorteil zu erreichen. Dein Hund kommt also nicht, weil er denkt er macht Dir damit einen Gefallen. Er kommt deshalb, weil er damit ein Ziel verfolgt.

Dies kann Futter, Aufmerksamkeit oder ein Spielzeug sein und genau das macht den erfolgreichen Rückruf so schwierig. In vielen Situationen funktioniert er meistens genau deshalb nicht, denn warum sollte er kommen, wenn er gerade mit Artgenossen spielt oder jagd.

Es werden sich immer Situationen ergeben, in denen euer Hund nicht abrufbar ist, weil etwas anderes spannender/wichtiger ist. Der Rückruf funktioniert nicht immer, das lässt sich leider nicht verhindern, aber wir können eine Menge unternehmen, um diese Negativ-Quote so niedrig wie möglich zu halten.

# RÜCKRUFTRAINING: JETZT GEHT ES LOS!

Wir wollen nun nicht anfangen eine allgemeine Trainingsanleitung für jeden Hund zu schreiben, denn dies würde hier den Rahmen sprengen. Bei dem Rückruf ist es anders als bei „Sitz" bzw. „Platz". Das Rückruftraining erfordert viel Beobachtung, denn es ist unterschiedlich, was bei einem Hund gut funktioniert und was gar nicht. Deshalb sollten wir beim Start des Trainings dem Hund zunächst zeigen, was wir von ihm wollen. Dabei haben wir immer im Kopf, dass wir mit dem Rückruf auch den Radius einzuschränken, in dem sich unser Hund von uns entfernen darf.

Was rufen wir denn jetzt? „Hier", „Komm" oder doch den Namen des Hundes? Das Problem beim Namen ist, das man ihn für viele Situationen benutzen wird. Für den Anfang kann man gut eine Zusammensetzung aus zum Beispiel, Namen und Rückrufkommando: „Luna, hier!" verwenden.

Auf Dauer lassen wir den Namen aber weg. Was man nun als Rückrufsignal verwendet ist völlig egal, das Kommando sollte nur immer dieselbe

Bedeutung haben, die Zuordnung wird so für den Hund klar. Man kann das Kommando auch noch mit einem Pfeifsignal hinterlegen.

Bei Welpen, die gut folgen und einem viel Aufmerksamkeit schenken, können die ersten Trainingseinheiten gleich ohne Leine stattfinden. Für Hunde die schon mehr „ihr Ding" machen, ist eine Schleppleine von Vorteil. Wir rufen den Hund nun mit dem von uns bestimmten Kommando.

Am besten ist es, das Kommando mit ziemlich hoher Stimme wieder zu geben, da Hunde dann mehr Interesse für die Worte zeigen.

Nun gehen wir in die Hocke, da unser Hund dadurch animiert wird zu uns zu kommen. Ist unser Hund bei uns, ist es Zeit für eine Belohnung. Was das nun ist bleibt völlig uns überlassen. Hauptsache es macht dem Hund eine Menge Freude und das muss nicht unbedingt fressen sein. Viele Hunde freut es alleine schon Aufmerksamkeit und Kuscheleinheiten zu bekommen, aber du wirst herausfinden was auf Dauer am besten funktioniert.

Verwende das Kommando nur einmal. Der Hund wird reagieren, bei manchen dauert es eben länger. Begehe nicht den Fehler und fange an zu rufen, rufen, rufen oder am besten noch hinterher zu rennen.

Dies bewirkt nur, dass der Hund lernt, dass Herrchen/Frauchen schon kommen, wenn sie was wollen. Mach dir keine Sorgen, der eine Hund kommt langsam an getrottet, ein anderer rennt den Menschen förmlich um. Dies ist völlig unerheblich für uns, wir wollen einfach nur das unser Hund kommt.

Es liegt an uns konsequent zu sein und mit unserem Hund eine Menge Spaß zu haben. Denn Hundetraining bedeutet Spaß und nicht Frustration. Nur mit Spaß, Spannung und Freude wird unser Hund auf Dauer zuverlässig kommen. Natürlich wird es immer wieder mal Rückschläge geben. Sei einfach kreativ und bleib am Ball, denn es gibt einfach Phasen im Leben eines Hundes, in denen er auch mal seinen eigenen Kopf hat.

# AGILITY – LASS DEINEN HUND DURCHSTARTEN

Ist dein Hund der Star im Park? Er läuft, ist ständig auf der Jagd und wird nicht müde. Lässt er jeden anderen Hund, wie eine Schnecke aussehen? Dann gibt es genau die richtige Trainingsmethode für ihn. Wenn dein Hund die Persönlichkeit und die Energie bzw. Bewegungsfreude besitzt, ist dieser Hunde-Sport ideal, um deinen Hund geistig und körperlich zu fordern.

# AGILITY MEHR ALS NUR EIN TREND

Agility ist ein Ventil für Hunde, die sehr ausgeprägte instinktive Gewohnheiten haben. Beim Agility läuft der Hund gegen die Zeit und muss dabei einen Parcours bewältigen, der aus verschiedenen Hindernissen besteht. Die vorgegebene Zeit muss mit so wenig Fehlern wie möglich auf dem Parcours eingehalten werden.

Wir nutzen dabei die natürlichen Instinkte unseres Hundes. Ein Hund wird in der freien Wildbahn auch alles tun, um seine Fressbedürfnisse zu stillen, oder etwas Positives für ein bestimmtes Verhalten zu bekommen. Stell dir vor dein Hund verfolgt einen Hasen. Er wird springen, Steilwände erklimmen und sich durch Gestrüpp quetschen, um seine Beute zu erreichen. Diesen Instinkt machen wir zu unserem Vorteil, denn genau dieses Verhalten spiegelt sich im Agility wider.

## DIE GESCHICHTE DES AGILITYTRAININGS

Im Jahre 1978 wurde der Brite Peter Meanwell gefragt, ob er für eine Hundeschau einen Pausenfüller organisieren kann. Lange rede kurzer Sinn, dachte er sich und nahm sich ein Beispiel am Springreiten aus der Pferdewelt. Die Begeisterung des Publikums war groß und Agility entwickelte sich im Laufe der Jahrzehnte im Hundesport, zu einer festen Größe in England. Seit ein paar Jahren geht dieser Siegeszug in der ganzen Welt weiter. Es gibt mittlerweile mehrere Verbände, die zum Beispiel den „Agility-Worldcup" oder auch die „European Open" organisieren und veranstalten.

## IST DEIN HUND EIN ATHLET?

Ich hasse es, hier einen exklusiven Club zu schaffen, aber bestimmte Rassen sind besser geeignet für diese Hundesportart. Generell, wenn dein Hund ein Nachkomme aus einer Arbeiter-Rasse ist und sein Körperbau ist von mittlerer Statur, dann sind seine Chancen gut, um diesen Sport schnell zu erlernen oder auch große Erfolge zu feiern.

Zu den besten Rassen fürs Agility-Training gehören: Terrier, Schäferhunde, Collies, Retriever, Schäferhunde, Spaniels, Pudel, Schnauzer,

Sennenhunde, Pinscher, Corgis, Canaans, Malinois und Papillons. Gemischte Rassen werden von allen Hunde-Agility-Clubs akzeptiert, mit Ausnahme des „American Kennel Clubs".

Einige Rassen sind definitiv Außenseiter, wenn es um Agility-Training geht. Riesenrassen wie Doggen und Mastiffs haben in der Regel weder die Energie noch den Wunsch, daran teilzunehmen. Kurznasen Rassen wie Boxer, Bulldoggen und Möpse können Schwierigkeiten haben, mit der Intensität und bekommen oft Atemprobleme. Rassen mit kurzen Beinen, wie Dackel, sind oft vom Springen nicht so begeistert.

Das Alter eines Hundes ist auch oft ein Faktor. Welpen sind aus Studien ausgeschlossen, bis sie ein Alter von 9 Monaten erreicht haben und es wird empfohlen, dass Hunde, die älter als 8 Jahre sind, ihren Ruhestand genießen sollen.

Wie wir bereits besprochen haben, ist eine Menge davon abhängig, wie viel Energie und Bewegungsfreude dein Hund mitbringt. Es sollte auch schon eine gewisse Menge an Grundgehorsam vorhanden sein. Dein Hund muss das wollen und wissbegierig sein, denn Agility ist wirklich nicht für jede Rasse geeignet. Auch die Persönlichkeit ist ausschlaggebend dafür, dass der

Hund mitarbeitet. Passt das alles nicht, dann sollte man besser andere Aktivitäten suchen.

# SPIELEN MIT DEM HUND

## HUND + BESCHÄFTIGUNG = ZUFRIEDENER, AUSGEGLICHENER HUND

Viele Probleme, die bei einem Hund im Laufe der Zeit entstehen, sind häufig auf mangelnde Auslastung zurückzuführen. Das Phänomen ist eigentlich ähnlich wie bei Kindern, wenn diese nicht geistig oder körperlich gefordert werden, kommen sie auf dumme Gedanken. Genau dadurch entsteht oft ein Fehlverhalten.

Viele Menschen holen sich aus egoistischen Gründen einen Hund. Wenn man sich einen Vierbeiner nach Hause holt, sollte man sich schon im Klaren sein, was dieser braucht und welche Einschränkungen er für das tägliche Leben bedeutet. Es reicht einfach nicht aus mit einem Hund dreimal am Tag vor die Tür zu treten, damit er seine Geschäfte erledigen kann.

Ein Hund bedeutet viel Arbeit, die aber keine sein sollte, wenn man seinen Hund wirklich will und sich mit ihm entsprechend beschäftigt.

## KÖRPERLICHE AUSLASTUNG

Einen Hund körperlich auszulasten, ist wirklich nicht schwierig und auch mal mit weniger Zeit durchaus machbar. Es gibt viele sportliche Betätigungen, die man mit seinem Hund gemeinsam unternehmen kann. So sind Joggen, Fahrradfahren oder Inlineskaten wunderbar für den gemeinsamen Sport mit deinem Hund geeignet.

Viele Hunderassen, wie Huskys, Rhodasien Ridgeback oder viele Jagdhunderassen stehen total darauf sich zu bewegen oder einfach nur zu rennen. Natürlich beginnt das alles mit einem Lernprozess, denn dein Hund sollte beispielsweise schon vernünftig am Fahrrad laufen. Das gilt auch für andere Betätigungen, der Hund sollte immer langsam herangeführt werden und wird dann sehr schnell Leistungsfähiger werden.

# SPIELE UND GEISTIGE BESCHÄFTIGUNG

Es gibt viele Möglichkeiten um mit seinem Hund zu spielen, es muss nicht immer nur das sture Ballwerfen sein. Sehr gut geeignet sind Spiele, die von dir kontrolliert werden, denn so behauptest Du auch immer stärker Deine Führung im Rudel. Du bestimmst die Regeln und mach es dem Hund dabei nicht zu einfach, denn er soll darüber nachdenken was er zu tun hat und nicht nur stur beute Jagen. Alleine das Signal „Bleib" bevor du einen Ball oder sonstiges wirfst erfordert schon viel Gedankenkraft bei den meisten Hunden.

Als nächstes auf Signal den Ball holen und schon sind wir bei den Anfängen vom Apportiertraining. Der Hund verbraucht dabei nicht nur körperliche Energie sondern auch eine Menge geistige. Und genau das ist der Punkt, den alle Hunde brauchen: „Herausforderungen".

Es kann aber noch viel einfacher sein! Bringe deinen Hund dazu seine Nase zu benutzen. Verstecke Leckerlies auf einer Wiese oder im Wald und du wirst sehen, wie intensiv dein Hund seine

Nase einsetzt und von mal zu mal schneller wird
und deshalb die Aufgaben immer schwieriger
werden müssen.

# HUNDETRAINING: HUNDEINTELLIGENZ

Eine weitere Möglichkeit die Du Deinem Hund zu Hause anbieten kannst ist Intelligenztraining. Es gibt mittlerweile viele Intelligenzspielzeuge für Hunde zu kaufen, aber das muss gar nicht sein. Nehme einfach eine PET-Flasche und packe Leckerlies hinein und Du wirst sehen, was Dein Hund alles versucht um an diese heranzukommen.

Man spürt diese Gedankenkraft quasi und dazu noch die ganzen Falten auf der Stirn. Auch für das Selbstvertrauen kann es nur positiv sein, wenn der Hund solche Aufgaben meistert. Wie Du siehst muss man nur kreativ sein und kann ohne viel Arbeit und hohe Kosten seinem Hund Beschäftigung bieten.

# VON DER STIMME ZUR HUNDEPFEIFE

Obwohl die Hundepfeife einige Vorteile gegenüber der Stimme hat, wäre es ein Trugschluss zu glauben, dass sie per se das bessere Instrument ist. „Kein Hund denkt sich: Oh eine Hundepfeife, jetzt muss ich aber schnell zum Herrchen sprinten. Eine Hundepfeife ist immer nur so gut, wie das dahinterstehende Training", sagt der Hundetrainer.

Ist das Rückruf-Signal richtig aufgebaut, antwortet der Hund mit einem reflexartigen, automatisierten Verhalten. Er reagiert – egal womit er gerade beschäftigt ist – ohne zu überlegen. „Das ist keine Zauberei, sondern simple Konditionierung", versichert Friedrich.

Dabei lasse sich der Hund prinzipiell auf alle möglichen Pfeifsignale konditionieren. „In der Praxis beschränkt man sich in der Regel auf den Rückruf, das Sitz und das Platz", so der Experte. Das Alter des Hundes zu Trainingsbeginn spiele eine untergeordnete Rolle: „Natürlich ist es von Vorteil, wenn schon der Züchter die Welpen an die

Hundepfeife gewöhnt hat oder in der Welpenstunde damit gearbeitet wird.

Aber auch ein sechsjähriger Hund kann ohne Probleme auf die Pfeife konditioniert werden. Ausschlaggebend ist vielmehr, dass das Signal korrekt aufgebaut wird". Laut Friedrich sind bis zu 2.000 Wiederholungen nötig, um das erlernte, automatisierte Verhalten zu erreichen.

Bevor das Training beginnt, sollte man sich überlegen, welches Kommando man, mit welchem Pfeifsignal gekoppelt wird (Rückruf = langgezogener Pfiff) . „In den ersten drei bis vier Wochen konditioniert man den Hund ausschließlich auf diesen Pfeifton. Pfeife , wenn dein Hund direkt neben dir steht.

Sobald der Pfiff ertönt, bekommt er in Sekundenschnelle ein ganz besonderes Leckerli oder etwas anderes", erklärt Friedrich. Wichtig sei nur, dass die gewählte Belohnung für den Hund der Jackpot ist. „Baue das Training langsam aus, indem Du immer dann pfeifst, wenn Dein Hund sowieso gerade aus freien Stücken zu Dir kommt. Kurz darauf folgt der Jackpot."

Anschließend übst Du in Situationen, in denen der Hund leicht, mittel und schließlich stark abgelenkt ist. „Wenn das Training richtig durchgeführt wurde, bekommt der Hund bereits feuchte Augen, wenn er den Pfiff hört. Er, macht auf dem Absatz kehrt, egal ob er dafür ein wildes Spiel unterbrechen oder ein totes Eichhörnchen links liegen lassen muss".

Aber: „Bleibe auch beim Pfeifsignal klar und eindeutig, bleibe bei einem einmal festgelegten Pfiff für ein Kommando", rät der Teamcanin-Chef. Nicht nur gleichbleibend, sondern auch unmissverständlich sollte der Pfiff sein: „Ich beobachte immer wieder Hundehalter, die dauer-pfeifend durch die Wälder streifen. Rede und pfeife nicht ständig auf deinen Hund ein, wenn Du nicht willst, dass er auf Durchzug schaltet", so Friedrich.

Einer der menschlichsten Fehler überhaupt, sei übrigens die Ungeduld: „Viele Halter fordern zu früh zu viel", weiß der Hundetrainer. „Kein Mensch macht direkt nach der Grundschule sein Abitur. Vom Hund wird das aber oft verlangt".

# HUNDEPFEIFE IST NICHT GLEICH HUNDEPFEIFE

Doch welche Pfeife ist die richtige? Der Markt bietet eine Fülle unterschiedlicher Pfeifen, die sich in Material, Bauart und Frequenz (hörbare und für den Menschen nicht hörbare Pfeifen) unterscheiden. „Die wohl bekanntesten sind die Büffelhorn-, Kunststoff- und Hochfrequenzpfeifen aus Metall. Jede Hundepfeife sollte frequenzstandardisiert sein. Dies garantiert, dass Pfeifen desselben Typs auch stets denselben Ton haben", erklärt Friedrich.

Doch nicht nur die Frequenztreue ist entscheidend. Auch Material und Bauart haben Einfluss auf den Trainingserfolg: „Wir empfehlen grundsätzlich Pfeifen aus Kunststoff mit langem Mundstück. Bei den Büffelhornpfeifen sind die Mundstücke so kurz, dass die Öffnung leicht von den Lippen verschlossen wird. Ein ordentlicher Pfiff ist dann nicht möglich".

Kunststoffpfeifen sind zudem unabhängig von Wettereinflüssen. „Auch bei schlechtem Wetter oder Temperaturschwankungen, starken

Nebengeräuschen und unterschiedlichen Blastärken können klare Signale gegeben werden", verrät Friedrich. Der Ton der Hochfrequenzpfeifen aus Metall sei dagegen stark temperaturabhängig: „Metallpfeifen klingen bei Minusgraden anders als bei 25 Grad Celsius". Hinzu komme, dass der Ton der Hochfrequenzpfeifen für den Menschen kaum hörbar ist. „Ist die Pfeife durch Schmutzpartikel verstopft, klingt das Signal für den Hund anders, während der Halter dies gar nicht bemerkt".

Am Ende sei die Wahl der Pfeife allerdings jedem selbst überlassen. Da der Hund jedoch auf einen bestimmten Pfeifentyp konditioniert wird, sei es wichtig, immer bei demselben Modell zu bleiben. „Bist Du gezwungen auf ein anderes Modell zurückzugreifen, weil der damalige Hersteller nicht mehr am Markt ist, beginnt das Training wieder von vorn".. Aus diesem Grund raten wir zu Pfeifen etablierter Hersteller: „Sollte die Pfeife verloren gehen oder beschädigt sein, kannst Du dasselbe Modell nachkaufen."

## Auf einen Blick: Tipps fürs Training mit der Hundepfeife

⇒Entscheide dich vor Trainingsstart für ein Pfeifenmodell und bleib dabei

⇒Gleiches gilt für das Pfeifsignal (Rückruf: Einmal-Pfiff, Sitz: Doppel-Pfiff). Welche Pfiffanzahl Du für ein Kommando wählst, ist Dir überlassen. Behalte die Zuordnung aber bei

⇒Baue Konditionierung schrittweise auf. Übe auch an unterschiedlichen Orten und zu unterschiedlichen Zeiten

⇒Setze beim Rückruf-Signal immer die für den Hund maximal motivierende Belohnung ein

⇒Habe Geduld und halte Dich an die hohe Wiederholungszahl – auch wenn der Hund zu den Blitzmerkern zählt.

# DAS 10 LECKERLI SPIEL

### Warum ist das 10 Leckerli Spiel so erfolgreich?

Beim 10 Leckerli Spiel wird der Hund zum kreativen Handeln ermuntert. Das Tier bekommt bei diesem Spiel einen sehr aktiven Part, es lernt schnell, dass der nächste Leckerli Wurf durch ein bestimmtes Verhalten ausgelöst werden kann.

So wird das Spiel ein Türöffner zur Hundeseele.

Da alle 10 Belohnungen für immer mit gleichem Verhalten gerollt oder geworfen werden, versteht der Hund das Kriterium schnell. Hunde haben Spaß daran, auch bei ihrem Menschen ein Verhalten auslösen zu können, indem sie immer wieder etwas anbieten, wofür die nächste Belohnung in Erscheinung tritt.

Die ersten Elemente des Spiels werden in entspannter und vertrauter Umgebung gespielt. Später kann man mit den einzelnen Signalen aus dem schon bekannten Spiel Hunde nach etwaigen Stress schnell wieder in unsere Welt holen oder ihnen durch schwierige Situationen helfen.

Das Zählen: der Hund gewöhnt sich an die Stimme, er lernt zu warten und wird sofort dafür belohnt (nach der Zahl 10). Das laute Zählen wird zu einem Brückensignal (Intermediäre Brücke).

Die Zahl 10 wird zu einem Signal (ein Markersignal, wie der Clicker), dass zuverlässig und sofort Belohnung ankündigt. Beim 10 Leckerli Spiel wird das Warten doppelt und 3 -fach verstärkt, weil es mit 3 Verhaltensweisen belohnt wird, die bei den meisten Hunden sehr beliebt sind.

Das Leckerli rollt davon und darf verfolgt werden (hetzen), dann muss der Hund suchen, wo genau es gelandet ist (schnüffeln) und am Schluss darf er machen, was alle Hunde gut können: Hetzen, schnüffeln und fressen liebt jeder Hund.

Bei diesem Spiel werden die Lieblingsbeschäftigungen des mitspielenden Menschen zur Verfügung gestellt. Der Hund verknüpft also die Begeisterung bei dem Spiel mit seinem Menschen, ein Vertrauensverhältnis wird gebildet und die Bindung dabei gefestigt.Um Hunden das entspannte Abwarten zu erleichtern, bauen wir das Brückensignal „Zählen von 1 bis 10" rückwärts auf.

**Wie es geht:**

⇒Nimm 1 Keks

⇒Sag laut und fröhlich die Zahl: 10

⇒Roll den Keks hinter den Hund

⇒Dein Hund darf den Keks hetzen, suchen und essen.

⇒Warte-bis dein Hund seinen Keks gegessen hat.

⇒Warte- bis dein Hund sich wieder zu dir umschaut

⇒Sag laut und fröhlich die Zahlen 9-10

⇒Roll den Keks an dir vorbei hinter dich, sodass dein Hund gut sehen kann, wohin der Keks rollt

⇒Warte wieder, bis dein Hund den Keks gegessen hat

⇒Warte, bis dein Hund sich zu dir umdreht

⇒Zähl diesmal wieder eine Zahl mehr: 8-9-10

⇒Roll den Keks wieder an dir vorbei in die andere Richtung

⇛So geht es weiter, bis du die gesamte Kette von 1-10 gezählt werden kann.

Diese Vorübung macht man ein paarmal. Die Vorübung bereitet den Hund nur darauf vor, ruhig und höflich zu warten, bis der Mensch von 1 bis 10 gezählt hat.

Diese Spielelemente können auch schon sehr gut mit Welpen gespielt werden. Ganz nebenbei lernt der Welpe dabei sich immer länger zu konzentrieren.

Die Zahl 10 kündigt dabei immer die Belohnung an. Dein Hund wird für das brave Warten, solange du zählst, doppelt und dreifach belohnt. Er darf den Keks hetzen, ihn suchen und am Schluss essen.

Das Zählen mit fröhlicher Stimme wird zu einem wichtigen Signal in der Hundewelt. Es kündigt Freude, Spiel und Spaß an. Das Brückensignal „Zählen“ wird damit sehr wertvoll.

Es wird zu einem Anker, der den Hund in unserer Welt halten kann, wenn die Umwelt zu aufregend wird oder es hilft ihm durch schwierige Situationen. Das „Zählen" kündigt immer eine Belohnung an. Es ist klug, sehr früh verschiedene Arten von Belohnungen einzusetzen.

Das Brückensignal wird dabei mit ruhigem und geduldigem Warten verknüpft. Wir Menschen müssen dieses Signal gut pflegen und immer wieder spielerisch aufladen.

Unhöfliches Verhalten, bellen, hochspringen, den Menschen bedrängen oder ähnliches rüpelhaftes Verhalten beendet sofort das Spiel. Man hört einfach auf zu zählen, schaut den Hund eine kurze Weile nicht an und wartet darauf, dass der Hund sich selber wieder beruhigt.

Verhält sich unser Wuffi wieder manierlich, bekommt er sofort eine neue Chance und wir beginnen das Spiel von vorne, indem wir zählen: „eins-zwei-drei-vier usw." bei 10 folgt subito die

Belohnung, indem alle vorher abgezählten Kekse in alle Richtungen verschenkt werden.

Tierheimhunde oder Hunde aus dem Tierschutz profitieren von dem Spiel. Das 10 Leckerli Spiel kann sogar durch die Stäbe eines Hundezwingers oder in einer Autobox gespielt werden. Somit muss man sich dem Tier nicht nähern, die Hunde können selber entscheiden, wann sie mehr Nähe zulassen möchten.

Dadurch können diese Hunde leichter an Menschen und die menschliche Stimme gewöhnt werden. Das Tier lernt freiwillig Verhalten anzubieten.

# SCHLUSSWORT

Du wirst der beste Freund deines Hundes, indem Du alle Begegnungen mit Dir, zu einem positiven Erlebnis machst. Aber auch der Hund selbst, muss sich, wenn er alleine ist wohlfühlen um ein positives Gemüt entwickeln zu können. Dafür braucht er eine positive Umgebung.

Der Hund braucht eine Umgebung, in der er sich wohlfühlen kann. Er braucht eine Umgebung, die er als seinen sicheren Ort erkennt und von Natur aus beschützen kann. Er braucht seinen eigenen Freiraum für sich - genauso wie jeder Mensch mal seine Zeit für sich braucht.

Für viele Hunde ist ein sicherer Ort der Schlafort. Schlafen sie an mehreren Orten, ist für sie die ganze Umgebung dieser Orte ein sicherer Ort. Sorge dafür, dass der Hund genug Zeit für sich hat. Er wird dir zeigen, dass er Ruhe braucht, indem er sich an seinen sicheren Ort zurückzieht. Dabei gilt es, dieses Verhalten des Hundes zu respektieren.

Ein Hund braucht natürlich auch viel Liebe und viel Zuneigung. Der Hund ist das beste Tier, wenn es darum geht, den Menschen wie ein Buch zu lesen, sodass er wirklich spürt, was man gerade fühlt. Schenken Deinem Hund viel Liebe, aber beachte, dass Liebe auch etwas mit Freiraum zu tun hat.

Wahre Liebe zu Deinem Hund hat nichts mit tausenden Geschenken wie dem neuesten Designer Luxus Hundebett zu tun, sondern damit, dass Du Dir genug Zeit nimmst, um mit Deinem Hund ausreichend zu spazieren und ihn geistig und physisch zu fordern.

Ein Hund der nicht genug oder zu viel Aufmerksamkeit bekommt, kann sehr schnell zum Problem werden. Wenn er zu viel bekommt, ist es in den seltensten Fällen ein schlimmes Problem, dass man nicht mit genug Training und vor allem Freiraum wieder loswerden kann.

Wenn er zu wenig bekommt, kann es sein, dass Dein Hund Dinge tut, um Dich aufzuregen, da er dann wenigstens - wenn Du ihn ausschimpfst oder bestrafst (was ich auf gar keinen Fall empfehle) - Deine Aufmerksamkeit bekommt. Grundsätzlich zeigt einem der Hund von selber, wenn er etwas Zuwendung braucht und wann nicht.

Noch eine wichtige Sache sollte für Dich als Hundehalter Priorität haben, nämlich die richtige Ernährung für den Hund.

Jeder Hund sowie auch jeder Mensch hat seine eigenen Vorlieben, welches Essen er besonders gerne mag. Dennoch sollte man darauf achten, dass gerade bei der Auswahl des Hundefutters auf wichtige Nährstoffe nicht verzichtet wird.

Es gibt sehr viele Fragen wie: „Hat es genug Eisen?", „Ist der Zinkgehalt hoch genug oder enthält es überhaupt Jod und Selen?" All diese Fragen solltest Du beim nächsten Besuch in einem Fachgeschäft für Hunde - beziehungsweise beim Hundearzt fragen.

Aus eigenen Erfahrung kann ich sagen, dass die meisten Hundehalter dem Hund ein zu fettiges Essen geben, sodass der er sehr schnell Probleme mit dem Kreislauf bekommen kann. Da ich keine Ferndiagnose machen kann, empfehle ich von Herzen, dass Du Dich gut beraten lassen solltest oder dass Du Dich von Freunden deren Hund gesund und zufrieden erscheint, ein Hundefutter empfehlen lassen kannst.

Generell der größte Fehler von Hundehaltern ist dem Hund von ihrem eigenen Essen etwas abzugeben. Das Essen, was Menschen heutzutage essen, ist nicht für den Hund geeignet und auch wenn der kleine Vierbeiner noch so süß guckt, solltest Du aus Liebe zu Deinem Hund widerstehen können.

Grundsätzlich macht doch jedem die Hundeerziehung Spaß. Was gibt es schöneres, als mit dem eigenen Hund herauszugehen und etwas zu trainieren.

Die Freude des eigenen Hundes überträgt sich automatisch auf einem selber und lässt einem den Alltagsstress vergessen. Ich weiß, dass es für einige Hundehalter manchmal schwierig ist, die Motivation zu finden bei Regen oder Kälte raus zu gehen.

Auch wenn Du das Gefühl hattest, dass das Training nicht besonders erfolgreich war, geht es um die Regelmäßigkeit, die das Trainieren erfolgreich macht. Du solltest Dir auch selbst mal eine Belohnung gönnen. Genauso wie Dein Hund eine Belohnung für etwas bekommt, das er richtig gemacht hat, solltest Du Dich auch belohnen, weil Du auch an nicht motivierten Tagen mit Deinem Hund trainiert hast.

Ich wünsche viel Erfolg und Spaß mit dem Hund!

**Peter Kraft**

# THE END

ISBN 978-3-7467-5137-5

www.epubli.de